Περιπέτεια στην Ελλάδα

Adventure in Greece

Περιπέτεια στην Ελλάδα

Adventure in Greece

A Bilingual Story

Athina Veloudou

Hugh Finlayson

First paperback edition November 2022

ISBN: 9798363638206 (paperback)
ASIN: B0BM8HZGB6 (ebook)

Table of Contents

Introduction……………………………………..……….I

Πρόλογος

Prologue……………………………………………………1

Κεφάλαιο ένα: Ζωή με την οικογένεια

Chapter One: Life with the Family……………………..3

Κεφάλαιο δύο: Η οδήγηση

Chapter Two: The Drive………………..…………..….12

Κεφάλαιο τρία: Οι διακοπές

Chapter Three: The Holiday…………. …………..29

Κεφάλαιο τέσσερα: Ύδρα

Chapter Four: Hydra……………………………….49

Κεφάλαιο πέντε: Το μοναστήρι

Chapter Five: The Monastery…………..…………………58

Introduction

Christos is a young man from England, brought up by Greek parents. Follow him as he travels through the beautiful country of Greece while attempting to improve his Greek. But things don't always go to plan…

This is the third book in the Adventure in Greece bilingual story series. Building on the first two books, it introduces more frequent instances of advanced expressions and vocabulary. However, care has been taken by the authors to ensure the text remains easy to read for advanced beginners and intermediate learners of modern Greek. Any reader who has completed the previous two books will find this book to be enjoyable and rewarding.

This series is specially designed for building a foundation in Greek vocabulary that the reader can draw from naturally and automatically. The Greek text has been written by a native speaker, who has taken care to translate expressions into their most natural Greek form, which occasionally includes common and essential idiomatic expressions. Every sentence has been negotiated with the English author, who is himself a student of Greek, to find the most helpful translation. The authors keep as close to a word-for-word translation as possible without compromising the natural Greek.

You should enjoy the story and read at your own pace, no matter how slowly. As you read, the essential vocabulary will be repeated again and again to strengthen your foundation in Greek. The result will be a rewarding process as you realise you are reading page after page in Greek, and finding that your ability to recall Greek words improves effortlessly.

Πρόλογος

Prologue

Λέγομαι Χρήστος και αυτό είναι το τρίτο μέρος της ιστορίας των ταξιδιών μου στην Ελλάδα.

My name is Christos, and this is the third part of the story of my travels in Greece.

Στο πρώτο μέρος εξερεύνησα μέρη της Αθήνας, πριν διασχίσω τον Σαρωνικό κόλπο για να φτάσω στην Πελοπόννησο.

In the first part, I explored parts of Athens, before crossing the Saronic Gulf to reach the Peloponnese.

Στο δεύτερο μέρος εξερεύνησα την περιοχή γύρω από την αρχαία πόλη της Επιδαύρου, πριν επιστρέψω στην Αθήνα με τον ξάδερφο μου τον Νίκο.

In the second part, I explored the area around the ancient city of Epidaurus, before returning to Athens with my cousin Nikos.

Σε περίπτωση που δεν τα έχετε διαβάσει, σας προτείνω να διαβάσετε τα δύο πρώτα βιβλία πριν συνεχίσετε με αυτό, έτσι ώστε να καταλάβετε την ιστορία καλύτερα!

In case you haven't read them, I recommend you read the first two books before continuing with this one, so that you will understand the story better!

Και έτσι θα συνεχίσω την ιστορία μου.

And so I will continue my story.

Κεφάλαιο ένα: Ζωή με την οικογένεια

Chapter One: Life with the Family

Είχαν περάσει δύο εβδομάδες από τότε που είχα επιστρέψει στην Αθήνα από την Επίδαυρο.

It had been two weeks since I had returned to Athens from Epidaurus.

Μου άρεσε να μένω με την οικογένεια μου. Η ζωή κυλούσε με εύκολο ρυθμό.

I was enjoying staying with my family. Life was going at an easy pace.

Τα πρωινά καθόμουν με έναν ελληνικό καφέ στο μπαλκόνι και διάβαζα. Η οικογένεια μου είχε πολλά ελληνικά βιβλία αλλά τα έβρισκα δύσκολα για να τα διαβάσω.

In the mornings, I would sit with a Greek coffee on the balcony and read. My family had plenty of Greek books, but I found them difficult to read.

Αυτό είναι επειδή δεν μεγάλωσα διαβάζοντας το ελληνικό αλφάβητο.

This is because I did not grow up reading the Greek alphabet.

Μερικές φορές θα έκανα εξάσκηση με αυτά τα δύσκολα βιβλία για λίγο, αλλά στο τέλος επέστρεφα στο αγγλικό μου βιβλίο.

I would sometimes practise with these difficult books for a bit, but eventually I would go back to my English book.

Διάβαζα το *Στην κόψη του ξυραφιού* του Ο. Σόμερσετ Μομ.

I was reading *The Razor's Edge* by W. Somerset Maugham.

Ο πρωταγωνιστής ταξίδευε ως την Ινδία, και στην διαδρομή έμεινε στην Ελλάδα για αρκετό καιρό και έμαθε να μιλάει ελληνικά.

The protagonist was travelling as far as India, and on his journey he stayed in Greece for a long time, and learned to speak Greek.

Καθισμένος με το βιβλίο μου, μου άρεσε να ακούω τους ήχους του δρόμου από κάτω.

Sitting with my book, I enjoyed listening to the sounds of the street below.

Κατα την διάρκεια της διαμονής μου, βρέθηκα να μπαίνω σε μία ρουτίνα να βοηθάω την οικογένεια μου με καθημερινές εργασίες.

During my stay, I had found myself getting into a routine of helping my family with daily tasks.

Μετά τον καφέ μου θα έβγαζα τον Δία για βόλτα, πριν να πιάσει πολύ ζέστη.

After my coffee, I would take Zeus for a walk, before it got too hot.

Θα πήγαινα στο σούπερ μάρκετ με μια λίστα για τα ψώνια που η θεία μου είχε γράψει για μένα.

I would go to the supermarket with a shopping list my aunt had written for me.

Θα έπαιρνα τα μικρά μου ξαδέρφια από το σχολείο τα απογεύματα.

I would get my young cousins from school in the afternoons.

Επίσης βοηθούσα τον θείο μου και τον ζάδερφο μου τον Νίκο να χτίσουν μία πέργκολα στην ταράτσα τους.

I was also helping my uncle and cousin Nikos build a verandah on their roof terrace.

Τα βράδια θα τρώγαμε όλοι μαζί.

In the evenings, we would all eat together.

Ήταν εννέα η ώρα, Τετάρτη βράδυ. Καθόμουν στο σαλόνι με τον θείο μου τον Σταύρο, τα μικρά ξαδέρφια μου την Μαρία και τον Κωνσταντίνο, και τον Δία.

It was nine o'clock on Wednesday evening. I was sitting in the living room with my uncle Stavros, my young cousins Maria and Constantinos, and Zeus.

Βοηθούσα τα ξαδέρφια μου με τα μαθήματα αγγλικών τους. Ο Θείος μου έβλεπε έναν αγώνα ποδοσφαίρου στην τηλεόραση. Ο Δίας κοιμόταν.

I was helping my cousins with their English homework. My uncle was watching a football game on the television. Zeus was sleeping.

Ο ξάδερφος μου ο Νίκος και η θεία μου ήταν στην κουζίνα.

My cousin Nikos and my aunt were in the kitchen.

Ο Νίκος ήρθε στο δωμάτιο.

Nikos came into the room.

«Πώς πάνε τα αγγλικά παιδιά;» ρώτησε την Μαρία και τον Κωνσταντίνο.

"How's the English going, guys?" he asked Maria and Constantinos.

«Καλά», απάντησε η Μαρία. «Μαθαίνουμε για τα μεταφορικά μέσα.»

"Good," replied Maria. "We're learning about transport."

«Σας λέει τι να πείτε σε έναν ελεγκτή εισιτηρίων αν σας πιάσει χωρίς εισιτήριο;» γέλασε, κοιτάζοντας με.

"Is he telling you what to tell a ticket inspector if you get caught without a ticket?" he laughed, looking at me.

Θυμήθηκα την στιγμή πριν από μερικές εβδομάδες τότε που μου συνέβει αυτό στο μετρό της Αθήνας.

I remembered the time a few weeks ago when that happened to me on the Athens metro.

«Τέλος πάντων», συνέχισε ο Νίκος, «το βραδινό είναι έτοιμο σε πέντε λεπτά. Ελπίζω να πεινάτε!»

"Anyway," Nikos continued, "dinner is ready in five minutes. I hope you're hungry!"

Καθίσαμε όλοι στο τραπέζι, το οποίο ήδη είχε πάνω του πολλά πιάτα με φαγητό.

We all sat at the table, which already had many dishes of food on it.

«Χρήστο», είπε ο θείος μου, «θα μπορέσεις να οδηγήσεις στο μαγαζί με τα πλακάκια αύριο το πρωί να πάρεις μερικές κούτες με πλακάκια για την πέργκολα;»

"Christos," said my uncle, "will you be able to drive to the tile store tomorrow morning to pick up a few boxes of tiles for the verandah?"

«Συνήθως θα ρωτούσα τον Νίκο, αλλά προετοιμάζεται για ένα διαγώνισμα και εγώ θα περιμένω για μία παραλαβή.»

"Normally I'd ask Nikos, but he's preparing for an exam, and I'm going to be waiting for a delivery."

Το σκέφτηκα για ένα δευτερόλεπτο πριν απαντήσω.

I thought about it for a second, before I answered.

Δεν εχω οδηγήσει ποτέ στην δεξιά πλευρά του δρόμου ξανά.

I had never driven on the right hand side of the road before.

Όχι μόνο αυτό, αλλά η οδήγηση στην Αθήνα έμοιαζε πολύ διαφορετική από την οδήγηση στην Αγγλία.

Not only that, but driving in Athens looked very different to driving in England.

Τελικά αποφάσισα πως δεν υπήρχε κανένας λόγος γιατί να μην μπορέσω να το κάνω.

I eventually decided that there was no reason why I wouldn't be able to do it.

«Κανένα πρόβλημα», απάντησα. «Που είναι το μαγαζί;»

"No problem," I replied. "Where is the store?"

«Είναι περίπου μισή ώρα οδήγηση από εδώ», απάντησε ο θείος μου.

"It's about half an hour drive from here," my uncle replied.

Ήταν περίπου έντεκα μέχρι την ώρα που τελειώσαμε το φαγητό.

It was almost eleven by the time we'd finished eating.

Η θεία μου μου είχε δείξει πως να χρησιμοποιώ κομμάτια ψωμιού για να απορροφώ τα υπολείμματα σάλτσας στα πιάτα, το οποίο λέγεται *παπάρα.*

My aunt had shown me how to use pieces of bread to soak up the remaining sauce in the dishes, which is called *papara.*

Έκανα παπάρα σιγά σιγά για μισή ώρα, και τώρα ήμουν γεμάτος.

I had been *papara-ing* slowly for half an hour, and now I was full.

«Να πάμε έξω για ένα παγωτό;» πρότεινε η θεία μου.

"Should we go out for an ice cream?" suggested my aunt.

«Ναι! Πάμε για παγωτό!» φώναξε η Μαρία και ο Κωνσταντίνος. Χοροπήδηξαν ενθουσιασμένοι.

"Yay! Let's get ice cream!" shouted Maria and Constantinos. They jumped up excitedly.

Ο Δίας παρατήρησε τον ενθουσιασμό και πήδηξε και εκείνος, αναρωτιοντας τι συνέβαινε.

Zeus noticed the excitement and also jumped up, wondering what was happening.

Εμείς οι επτά, συμπεριλαμβανομένου και του Δία, φύγαμε από το σπίτι και περπατήσαμε προς τον κεντρικό δρόμο της γειτονιάς.

The seven of us, Zeus included, left the house, and walked towards the neighbourhood's high street.

Είχε αρχίσει να μου αρέσει αυτή η πλευρά της Ελλάδας, ίσως λόγω του ζεστού καιρού τα μαγαζιά και τα φαγάδικα είναι ανοιχτά μέχρι αργά.

I had come to like this aspect of Greece, perhaps because of the warm weather, that shops and eateries are open late.

Οικογένειες σαν εμάς περπατούσαν πάνω κάτω στον δρόμο.

Families like us were walking up and down the street.

Συναντήσαμε την ουρά έξω από το παγωτατζίδικο. Διαβάσαμε τον κατάλογο και αποφασίσαμε τι θέλαμε.

We joined the queue outside the ice cream shop. We read the menu, and decided what we wanted.

Αποφάσισα να πάρω σορμπέ λεμόνι και φυστίκι, ξεχωριστά.

I decided to have lemon sorbet and pistachio, separately.

Περπατήσαμε προς την πλατεία της γειτονιάς με τα παγωτά μας. Η οικογένεια μου είδε μερικούς ανθρώπους που γνώριζε και μίλησε μαζί τους.

We walked to the local square with our ice creams. My family saw some people they knew and talked with them.

Υπήρχαν παιδιά που έτρεχαν τριγύρω, και μερικά έφηβα αγόρια που έδειχναν τα μηχανάκια τους στους φίλους τους.

There were children running around, and some teenage boys were showing off their mopeds to their friends.

Όταν γυρίσαμε σπίτι, διάβασα μερικές σελίδες από το βιβλίο μου στο μπαλκόνι και πήγα για ύπνο.

When we returned home, I read a few pages of my book on the balcony, and went to sleep.

Κεφάλαιο δύο: Η οδήγηση

Chapter Two: The Drive

Το επόμενο πρωί ξύπνησα στις εννέα και πήγα στο σαλόνι.

The next morning, I woke up at nine and went into the living room.

«Καλημέρα, Χρήστο», είπε ο θείος μου. «Πιες τον καφέ σου γρήγορα επειδή σε χρειάζομαι να πας στο μαγαζί, θυμάσαι;»

"Good morning, Christos," said my uncle. "Drink your coffee quickly because I need you to drive to the store, remember?"

«Ω ναι, το ξέχασα εντελώς!» είπα. «Πιστεύεις πως θα είμαι εντάξει να οδηγήσω εδώ;»

"Oh yes, I completely forgot about that!" I said. "Do you think I'll be OK driving here?"

«Θα είσαι μια χαρά!» απάντησε.

"You'll be fine!" he replied.

Ήπια τον καφέ μου και πήγα κάτω με τον θείο μου να δω το αυτοκίνητο.

I drank my coffee, and then went downstairs with my uncle to see the car.

Το ξεκλείδωσε.

He unlocked it.

«Είναι ένα παλιό αυτοκίνητο», είπε. «Το έχω πάνω από είκοσι χρόνια, αλλά δουλεύει τόσο καλά όσο την ημέρα που το αγόρασα!»

"It's an old car," he said. "I've had it for over twenty years, but it runs as well as the day I bought it!"

«Είναι Ιαπωνική μάρκα, έτσι;» ρώτησα.

"It's a Japanese make, right?" I asked.

«Έτσι ακριβώς, είναι πολύ έμπιστο. Το αγόρασα το χίλια εννιακόσια ενενήντα οκτώ, πολύ πριν τα πρόσφατα οικονομικά προβλήματα», εξήγησε.

"That's right, it's very reliable. I bought it in nineteen-ninety-eight, long before the recent economic problems," he explained.

«Ουάου. Τα αυτοκίνητα στην Αγγλία δεν κρατάνε τόσο καιρό», είπα, «Νομίζω επειδή σκουριάζουν από όλο το αλάτι που ρίχνουν στους δρόμους κατα την διάρκεια των μεγάλων χειμώνων.»

"Wow. Cars don't last that long in England," I said, "I think because they rust from all of the salt which is put on the roads during the long winters."

«Κατάλαβα», απάντησε ο θείος μου, ξύνοντας το πιγούνι του.

"I see," replied my uncle, scratching his chin.

Συνέχισε: «Δεν ρίχνουμε αλάτι στους δρόμους στην Αθήνα, αλλά οι πιο βουνίσιες περιοχές της Ελλάδας έχουν πιο κρύους χειμώνες, οπότε μάλλον το κάνουν εκεί.»

He continued: "We don't put salt on the roads in Athens, though the more mountainous areas of Greece get colder winters, so they probably do it there."

«Γνωρίζεις τον δρόμο για το μαγαζί;» ρώτησε.

"Do you know the way to the store?" he asked.

«Θα βάλω την διεύθυνση στο τηλέφωνο μου και θα το χρησιμοποιήσω για τις οδηγίες», απάντησα.

"I'm going to put the address into my phone, and I'll use that for directions," I answered.

«Εντάξει, εάν δουλέψει! Είμαι πολύ μεγάλος για όλη αυτήν την νέα τεχνολογία», είπε.

"OK, if it works! I'm too old for all that new technology," he said.

Γέλασα.

I laughed.

Μπήκα στο αυτοκίνητο, ξεκίνησα την μηχανή και κατέβασα το παράθυρο.

I got into the car, started the engine and rolled down the window.

«Εντάξει, θα σε δω σύντομα», είπε ο θείος μου, κοιτώντας καθώς έφευγα με το αυτοκίνητο.

"OK, I'll see you soon," my uncle said, watching as I drove off.

Του αρέσει πολύ αυτό το παλιό αυτοκίνητο, ελπίζω να μην το τρακάρω! σκέφτηκα.

He really likes this old car, I hope I don't crash it! I thought to myself.

Ήταν παράξενο που ο μοχλός ταχυτήτων ήταν στο δεξί μου χέρι αντί στο αριστερό μου. Ένιωθα σαν να ήμουν στην λάθος μεριά του αυτοκινήτου.

It was strange that the gear stick was in my right hand instead of my left. I felt like I was on the wrong side of the car.

Έμενα στην δεξιά μεριά του δρόμου. Σταμάτησα σε μια διασταύρωση, έστριψα αριστερά και συνέχισα ευθεία.

I was keeping to the right side of the road. I stopped at a junction, turned left, and continued straight.

Ξαφνικά είδα ένα αυτοκίνητο να έρχεται καταπάνω μου και συνειδητοποίησα πως είχα πάει πίσω στην αριστερή μεριά του δρόμου όταν έστριψα στην διασταύρωση.

Suddenly I saw a car coming straight at me, and I realised I had gone straight back onto the left side of the road, as soon as I had turned at the junction.

Αμέσως επέστρεψα στην δεξιά μεριά. Το ερχόμενο αυτοκίνητο βάρεσε την κόρνα του.

I immediately went back to the right side. The passing car honked its horn.

Έφτασα στον κεντρικό δρόμο.

I reached the main road.

Άλλα αυτοκίνητα οδηγούσαν πολύ γρήγορα σε αυτόν. Οι μοτοσικλέτες με προσπερνούσαν πολύ κοντά.

Other cars were driving very fast on it. Motorbikes were overtaking me very closely.

Προσπάθησα να θυμάμαι πως στρίβοντας δεξιά σε ένα πράσινο φανάρι, επίσης περνάνε πεζοί. Αυτό σίγουρα δεν επιτρέπεται στην Αγγλία!

I tried to remember that when turning right on a green light, pedestrians are also crossing. This is definitely not permitted in England!

Τελικά έφτασα στο μαγαζί. Πάρκαρα το αυτοκίνητο και μπήκα μέσα.

Eventually, I arrived at the store. I parked the car and went in.

«Γεια σας», είπα στον υπάλληλο του μαγαζιού. «Έχω έρθει για να παραλάβω μερικά πλακάκια που παρήγγειλε ο θείος μου.»

"Hello," I said to the shop assistant. "I've come to collect some tiles my uncle ordered."

«Εντάξει, σε ποιο όνομα είναι η παραγγελία;» απάντησε ο υπάλληλος.

"OK, what name is the order under?" the assistant replied.

«Αλεξίου», απάντησα, δίνοντας το επίθετο της οικογένειας μου για να είμαι πιο συγκεκριμένος.

"Alexiou," I answered, giving my family's surname in order to be specific.

«Ω ναι, μίλησα με τον θείο σας χθες. Ακολουθήστε με», είπε.

"Oh yes, I spoke to your uncle yesterday. Follow me," he said.

Με οδήγησε σε ένα μεγάλο σωρό από κουτιά. «Εδώ είναι», είπε δείχνοντας μου τα κουτιά.

He led me to a large pile of boxes. "Here they are," he said, pointing the boxes out to me.

«Ευχαριστώ», απάντησα.

"Thank you," I replied.

«Έχουν όλα ήδη πληρωθεί, οπότε μπορείτε να τα πάρετε. Να έχετε μια καλή μέρα!», είπε και πήγε σε έναν άλλο πελάτη που περίμενε.

"They're all paid for already, so you can go ahead and take them. Have a nice day!" he said, and walked over to another waiting customer.

Τα κουτιά στεκόντουσαν πάνω σε ένα χαμηλό τρόλεϊ με ένα χερούλι.

The boxes were sitting on top of a low trolley with a handle.

Τράβηξα το τρόλεϊ σιγά σιγά προς το αυτοκίνητο στο πάρκινγκ.

I pulled the trolley slowly out to the car in the car park.

Άνοιξα το αυτοκίνητο και ξεκίνησα να βάζω τα κουτιά με τα πλακάκια μέσα. Ήταν πολύ βαριά. Κάθε κουτί φαινόταν να ζύγιζε περίπου είκοσι κιλά.

I opened the car and started putting the boxes of tiles in. They were very heavy. Each box seemed to weigh about twenty kilos.

Αφού είχα βάλει μέσα περίπου έξι κουτιά, παρατήρησα πως το πίσω μέρος του αυτοκινήτου είχε βυθιστεί αρκετά χαμηλά στις ρόδες του.

After I had put about six boxes in, I noticed that the back of the car had sunk very low on its wheels.

Ω ρε παιδί μου, σκέφτηκα, *αυτό είναι πολύ βάρος για ένα τόσο μικρό αυτοκίνητο και έχω ακόμα αρκετά κουτιά να βάλω μέσα!*

Oh dear, I thought, *that's a lot of weight for such a small car, and I still have plenty more boxes to put in!*

Όταν τελείωσα, επέστρεψα το τρόλεϊ και μπήκα στο αυτοκίνητο.

Once I had finished, I returned the trolley, and got into the car.

Σκέφτηκα πως καλό θα ήταν να οδηγήσω πολύ αργά, ειδικά πάνω από εξογκώματα.

I thought I had better drive very slowly, especially over bumps.

Σε όλη την διαδρομή για το σπίτι οδηγούσα πολύ αργά. Η κίνηση φαινόταν να ξεκινάει και να σταματάει τόσο γρήγορα.

The whole way home, I was driving very slowly. The traffic seemed to start and stop so quickly.

Το αυτοκίνητο επιτάχυνε πολύ αργά όταν τα φανάρια γίνονταν πράσινα, λόγω του βάρους.

The car accelerated very slowly when the lights turned green, because of all the weight.

Επίσης δεν ήθελα να οδηγήσω τόσο γρήγορα, σε περίπτωση που τα πράσινα φανάρια μπροστά γίνονταν κόκκινα και δεν θα μπορούσα να σταματήσω το αυτοκίνητο εγκαίρως.

Also, I didn't want to drive too fast, in case the green lights ahead turned red and I wouldn't be able to stop the car in time.

Δεν μπορούσα να δω μερικές λευκές γραμμές στο δρόμο να σηματοδοτούν τις λωρίδες.

I couldn't see any white lines on the road marking the lanes.

Αυτοκίνητα φαίνονταν απλώς να οδηγούν όπου υπήρχε χώρος.

Cars just seemed to drive wherever there was space.

Ξαφνικά παρατήρησα μερικά μπλε φώτα να αναβοσβήνουν από πίσω στον καθρέφτη μου.

I suddenly noticed blue lights flashing in my rear-view mirror.

Ήταν ένα περιπολικό, αλλά παρέμενε πίσω μου και δεν προσπερνούσε.

It was a police car, but it was staying behind me, and not overtaking.

Ωχ όχι! σκέφτηκα. *Η αστυνομία με σταματάει!*

Oh no! I thought. *The police are stopping me!*

Έβαλα τα αλάρμ και βρήκα μια άδεια θέση στην άκρη του δρόμου για να σταματήσω.

I put my hazard lights on, and found an empty space on the side of the road to stop.

Το περιπολικό σταμάτησε από πίσω μου. Κατέβασα το παράθυρο μου.

The police car stopped behind me. I rolled down my window.

Μετά από λίγα δευτερόλεπτα, ένας αστυνομικός βγήκε έξω και ξεκίνησε να περπατάει προς το ανοιχτό μου παράθυρο.

After a few seconds, a policeman got out and started walking towards my open window.

«Καλημέρα. Μπορώ να δω το δίπλωμα οδήγησης σας παρακαλώ;» με ρώτησε.

"Good day. Can I see your licence please?" he asked me.

«Ναι, κανένα πρόβλημα», απάντησα.

"Yes, no problem," I replied.

Του έδειξα το Ηνωμένου Βασιλείου δίπλωμα μου.

I showed him my United Kingdom licence.

«Ω, δεν μένετε εδώ στην Ελλάδα;» ρώτησε.

"Oh, you don't live here in Greece?" he asked.

«Όχι, είμαι Άγγλος», επιβεβαίωσα. «Μένω με οικογένεια εδώ.»

"No, I'm English," I confirmed. "I'm staying with family here."

«Οκέι», είπε, «λοιπόν σας σταματάω επειδή το αυτοκίνητο σας είναι επικίνδυνα παραφορτωμένο.»

"OK," he said, "well I'm stopping you because your car is dangerously overladen."

Συνέχισε: «Για την μεταφορά τόσο βαριών υλικών χρειάζεστε βιομηχανικό όχημα. Αυτό το μικρό αυτοκίνητο μπορεί να μην καταφέρει να σταματήσει και να προκαλέσει ένα ατύχημα.

He continued: "For transporting such heavy materials you need an industrial vehicle. This little car could fail to stop and cause an accident.

Ή θα μπορούσε να του σκάσει ένα λάστιχο. Τι έχουν αυτά τα κουτιά τέλος πάντων;» ρώτησε.

Or it could blow a tyre. What is in those boxes anyway?" he asked.

«Πλακάκια», απάντησα νευρικά. «Φτιάχνουμε μια πέργκολα στο σπίτι.»

"Tiles," I replied, nervously. "We're building a verandah at home."

«Οκέι, λοιπόν δεν μπορώ να σας επιτρέψω να συνεχίσετε να οδηγείτε με αυτά τα πλακάκια. Υπάρχει κανείς που να μπορείτε να καλέσετε που να έχει φορτηγό ή βαν;» ρώτησε.

"OK, well I can't allow you to continue driving with these tiles. Is there anyone you can call who has a truck or a van?" he asked.

«Ας ελπίσουμε ο θείος μου να ξέρει κάποιον», είπα.

"Hopefully my uncle will know someone," I said.

Έβγαλα το κινητό μου και πήρα τηλέφωνο τον θείο μου.

I took out my phone and rang my uncle.

«Γεια σου Χρήστο», απάντησε, «πού είσαι; Είμαστε έτοιμοι για αυτά τα πλακάκια.»

"Hello Christos," he answered, "where are you? We're ready for those tiles."

«Ήταν πάρα πολλά!» του είπα. «Ήταν πολύ βαριά για το αυτοκίνητο, με έχει σταματήσει η αστυνομία!»

"There were too many!" I told him. "They were too heavy for the car, I've been stopped by the police!"

«Η αστυνομία;!» αναφώνησε ο θείος μου. «Ω ρε παιδί μου. Πες μου πού είσαι και θα έρθω σύντομα με το άλλο μας αυτοκίνητο. Μπορούμε να φορτώσουμε τα περισσότερα πλακάκια σε εκείνο.»

"The police?!" exclaimed my uncle. "Oh dear. Tell me where you are and I'll be there soon with our other car. We can load most of the tiles into that."

Ρώτησα τον αστυνομικό που ήμασταν και είπα του θείου μου.

I asked the policeman where we were, and told my uncle.

«Θα είμαι εκεί σε δέκα λεπτά», είπε, και έκλεισε το τηλέφωνο.

"I'll be there in ten minutes," he said, and hung up.

Εξήγησα στον αστυνομικό τι μου είχε πει μόλις ο θείος μου.
I explained to the policeman what my uncle had just told me.

«Οκέι», απάντησε. «Θα περιμένουμε μέχρι να τελειώσετε και μετά θα σας αφήσουμε να συνεχίσετε. Απλώς να το θυμάστε για την επόμενη φορά, σε περίπτωση που θα αγοράσετε και άλλα οικοδομικά υλικά.»
"OK," he replied. "We'll wait until that's done and then I'll let you carry on. Just remember for next time, in case you're going to be buying more building materials."

Ο αστυνομικός επέστρεψε στο αυτοκίνητο του, έβγαλε ένα σημειωματάριο και ξεκίνησε να γράφει σε αυτό.
The policeman returned to his car, took out a notebook and began writing in it.

Είχε ζέστη κάτω από τον ήλιο, και ένιωθα διψασμένος. Περπάτησα σε ένα κοντινό περίπτερο και αγόρασα ένα αναψυκτικό.
It was hot under the sun, and I felt thirsty. I walked over to a nearby kiosk and bought myself a soft drink.

Ο αέρας ήταν γεμάτος με την μυρωδιά καυσαερίου από τα μηχανάκια και η μέση του πολυσύχναστου δρόμου είχε στην σειρά ένα είδος κοντού, πλατύ φοίνικα.

The air was filled with the smell of petrol fumes from the mopeds, and the middle of the busy road was lined with a short, wide type of palm tree.

Σύντομα έφτασε ο θείος μου στο άλλο του αυτοκίνητο. Βγήκε έξω, κοίταξε το μικρό αυτοκίνητο και ξεκίνησε να γελάει.

Soon my uncle arrived in his other car. He got out, looked at the little car, and started laughing.

«Δεν το πιστεύω πως οδήγησες μέχρι εδώ από το μαγαζί έτσι», γέλασε.

"I can't believe you drove all this way from the store like this," he laughed.

Χαιρέτησε τον αστυνομικό, και ξεκινήσαμε να φορτώνουμε τα περισσότερα πλακάκια στο μεγαλύτερο αυτοκίνητο.

He greeted the policeman, and we began loading most of the tiles into the bigger car.

«Με συγχωρείτε για αυτό», είπε ο θείος μου στον αστυνομικό, «δεν είχα συνειδητοποιήσει πόσα κουτιά με πλακάκια είχα παραγγείλει.

"Sorry about that," said my uncle to the policeman, "I hadn't realised how many boxes of tiles I'd ordered.

Ο ανιψιός μου εδώ απλώς έκανε ότι του είχα ζητήσει. Νομίζω ήταν λίγο νευρικός που θα οδηγούσε στην Ελλάδα για πρώτη φορά», συνέχισε.

My nephew here was just doing what I asked of him. I think he was a little nervous about driving in Greece for the first time," he continued.

«Μην ανησυχείτε», είπε ο αστυνομικός. «Χαίρομαι που τα βρήκατε τώρα. Αλλά βλέποντας το αυτοκίνητο έτσι, ήταν απαραίτητο να τον σταματήσω.»

"Don't worry about it," said the policeman. "I'm glad it's sorted now. But seeing his car like that, it was necessary that I stopped him."

Ο αστυνομικός είπε αντίο, μπήκε στο αυτοκίνητο του και έφυγε.

The policeman said goodbye, got into his car and drove off.

«Ουάου», μου είπε ο θείος μου, «Δεν μπορώ να το πιστέψω πως σε σταμάτησε ένας αστυνομικός την πρώτη φορά που οδήγησες στην Αθήνα!»

"Wow," my uncle said to me, "I can't believe you got stopped by a policeman during your first time driving in Athens!"

«Ήμουν αρκετά νευρικός», είπα.

"I was quite nervous," I said.

«Για να είμαι ειλικρινείς, το ίδιο θα είχα κάνει. Θα ήταν μια χαρά!» είπε ο θείος μου.

"To be honest, I would have done the same. It would have been fine!" said my uncle.

Συνέχισε: «Πάλι καλά που ήσουν εσύ αντί για εμένα. Ήταν ελαστικός μαζί σου καθώς δεν είσαι από την Ελλάδα!»

He continued: "Good thing it was you instead of me. He was easy on you as you're not from Greece!"

Μπήκαμε και οι δύο στα αυτοκίνητα μας και τον ακολούθησα πίσω στο σπίτι.

We both got into our cars, and I followed him back to the house.

Κεφάλαιο τρία: Οι διακοπές

Chapter Three: The Holiday

Αργότερα εκείνη την μέρα, δουλεύαμε στο χτίσιμο της πέργκολας.

Later that day, we were working on building the verandah.

Έπρεπε να κουβαλήσουμε όλα τα κουτιά με τα πλακάκια πάνω στην ταράτσα, που ήταν αρκετούς ορόφους πάνω.

We had to carry all the boxes of tiles up to the roof terrace, which was several stories high.

«Δώσε μου εκείνο το κομμάτι», μου είπε ο Νίκος, καθώς στεκόταν σε μία σκάλα. «Τώρα κράτα την σκάλα σταθερή για μία στιγμή.»

"Pass me that piece," said Nikos to me, standing on a ladder. "Now hold the ladder steady for a moment."

«Πάρε αυτό», είπε, δίνοντας μου ένα άδειο κουτί. «Πέταξε το από εκεί πέρα για τώρα.»

"Take this," he said, passing me an empty box. "Throw it over there for now."

«Μάλιστα κύριε», είπα σαρκαστικά.

"Yes sir," I said, sarcastically.

«Μην ενοχλείς τον πρώτο μηχανικό στον χώρο της δουλειάς του», αστειεύτηκε ο θείος μου, καθώς έπινε λίγο καφέ.

"Don't disturb the master engineer in his place of work," joked my uncle, while drinking some coffee.

Η κατασκευή ήταν σχεδόν τελειωμένη, αλλά το πάτωμα ακόμα χρειαζόταν τα πλακάκια.

The structure was almost finished, but the floor still needed the tiles.

Μόλις τότε η θεία μου εμφανίστηκε από κάτω.

Just then, my aunt appeared from downstairs.

«Τι ακαταστασία είναι εδώ πάνω» αναφώνησε με έκπληξη.

"What a mess it is up here!" she exclaimed in surprise.

«Θα το εκτιμήσεις όταν τελειώσει», είπε ο θείος μου. «Με μια πέργκολα θα μπορέσουμε να βάλουμε έναν καναπέ, μπαρ και τηλεόραση εδώ πάνω. Θα είναι σαν ένα δεύτερο σαλόνι, και πιο δροσερό επίσης.»

“You’ll appreciate it when it’s finished,” said my uncle. “With a verandah, we’ll be able to put a sofa, bar and TV up here. It’ll be like a second living room, and cooler too.”

«Τέλος πάντων», είπε η θεία μου, «Είναι τρεις η ώρα τώρα, που σημαίνει πως πρέπει να σταματήσετε την δουλειά γιατί κάνετε πολύ θόρυβο.»

“Anyway,” said my aunt, “it’s three o'clock now, which means you need to stop working as you’re making a lot of noise.”

Είχα μάθει ως τώρα πως εκείνη την ώρα της ημέρας οι άνθρωποι κοιμούνται λόγω της ζέστης, έτσι δυνατός θόρυβος δεν επιτρέπεται.

I had learned by now that at this time of the day, people sleep due to the heat, so loud noise is not permitted.

«Θυμάσαι τα «Ιπτάμενα δελφίνια» που σου είχαμε δείξει;» με ρώτησε η θεία μου.

“Do you remember the “Flying Dolphins” we showed you?” my aunt asked me.

«Ω ναι, τα γρήγορα μικρά φέρρυ», απάντησα.

“Oh yes, the fast small ferries,” I replied.

«Θα πάρουμε ένα σύντομα για το νησί της Ύδρας», είπε. «Θα μείνουμε εκεί για μια εβδομάδα για διακοπές.»

"We will be taking one of them soon to the island of Hydra," she said. "We'll be staying there for a week on holiday."

«Αυτό ακούγεται υπέροχο! Που είναι η Ύδρα;» ρώτησα.

"That sounds great! Where is Hydra?" I asked.

«Είναι ένα μικρό νησί στην Πελοπόννησο. Θέλει μερικές ώρες ταξίδι με το καράβι», απάντησε.

"It's a small island off the Peloponnese. It takes a couple of hours to travel there by boat," she replied.

«Γιατί δεν παίρνουμε το φέρρυ με τα αυτοκίνητα;» ρώτησα.

"Why are we not taking the car ferry?" I asked.

«Γιατί δεν υπάρχουν αυτοκίνητα στο νησί!» απάντησε η θεία μου.

"Because there are no cars on the island!" my aunt replied.

«Αλήθεια;!» αναφώνησα.

"Really?!" I exclaimed.

«Έτσι ακριβώς, δεν υπάρχουν καθόλου αυτοκίνητα στην Ύδρα, παρά μόνο από ένα μικρό πυροσβεστικό όχημα. Είναι πολύ ειρηνικά!» εξήγησε.

"That's right, there are no vehicles at all on Hydra, except for a small fire truck. It's very peaceful!" she explained.

«Ακούγεται ειδυλλιακό», είπα, «αλλά πώς μετακινούνται οι άνθρωποι στο νησί;»

"It sounds idyllic," I said, "but how do people get around on the island?"

«Λοιπόν οι περισσότεροι άνθρωποι μένουν μόνο σε μία μικρή πόλη στο νησί», απάντησε η θεία μου. «Οι άνθρωποι απλώς περπατάνε και κανένα μέρος δεν είναι πολύ μακριά από το άλλο.»

"Well most people live in just one small town on the island," answered my aunt. "People just walk, and no place is ever very far from another."

«Υπάρχουν μερικά μοναστήρια στις κορυφές των λόφων», συνέχισε, «είναι προσβάσιμα με τα πόδια ή με μουλάρι.»

"There are a few monasteries on the tops of the hills," she continued, "they're accessible on foot or by mule."

«Υπάρχουν επίσης μερικοί μικρά χωριά κατα μήκος της παραλίας, όπου οι άνθρωποι ταξιδεύουν προς αυτούς με θαλάσσιο ταξί ή με δική τους βάρκα», εξήγησε.

"There are also some very small villages along the coast, which people travel to by water taxi or by their own boat," she explained.

«Ακούγεται πολύ ενδιαφέρον, ανυπομονώ να το επισκεφτώ!» είπα.

"That sounds interesting, I can't wait to visit!" I said.

Είχα μάθει σιγά σιγά πως ο Αύγουστος είναι ο μήνας που οι Έλληνες παίρνουν όσο πιο πολύ ρεπό μπορούν.

I had gradually learned that August was the month when Greeks took as much time off work as they could.

Η Αθήνα είναι πιο ήσυχη τον Αύγουστο, καθώς πολλοί Αθηναίοι φεύγουν για μία ή δυο εβδομάδες, για να ξεφύγουν από την ζέστη της πόλης.

Athens is quieter in August, as many Athenians leave for a week or two, to get away from the heat of the city.

Αυτοί που έχουν την δυνατότητα, πηγαίνουν σε κάποιο νησί ή κάπου παραλιακά στην ενδοχώρα.

Those who are able to, go to an island, or somewhere on the coast of the mainland.

Μερικές μέρες αργότερα είχαμε όλοι ετοιμάσει τις βαλίτσες μας και ένα μεγάλο επταθέσιο ταξί είχε έρθει για να μας πάει στο λιμάνι του Πειραιά.

A few days later, we all had our bags packed, and a large seven-seater taxi had arrived to take us to the port of Piraeus.

Βάλαμε τις βαλίτσες μας στο ταξί και ο καθένας μας αγκάλιασε τον Δία για να τον αποχαιρετήσει.

We put our bags into the taxi, and we each hugged Zeus goodbye.

Δεν μπορούσαμε να πάρουμε τον Δία μαζί μας, όπως είπε η θεία μου, η μικρή πόλη είχε πάρα πολλές γάτες στο στενά της δρομάκια.

We weren't able to take Zeus with us, as my aunt said the small town had lots of cats in its narrow alleys.

Μερικοί κοντινοί φίλοι της οικογένειας μου είχαν έρθει να προσέχουν τον Δία και το σπίτι όσο θα λείπαμε.

Some close friends of my family had arrived to look after Zeus and the house while we would be away.

Μας χαιρέτησαν από την είσοδο της πόρτας καθώς φεύγαμε.

They waved to us in the doorway as we drove off.

Καθώς οδηγούσαμε μέσα από την πόλη προς τον Πειραιά, αισθανόμουν πολύ ενθουσιασμένος για τις διακοπές.

As we drove through the city towards Piraeus, I was feeling very excited about the holiday.

Αυτή θα ήταν η πρώτη μου φορά σε ένα ελληνικό νησί.

This would be my first time on a Greek island.

Μου αρέσει το λιμάνι του Πειραιά· δεν πήγαινε πολύ καιρός πριν από τότε που είχα έρθει εδώ για να πάρω το φέρρυ για τα Μέθανα.

I like the port of Piraeus; it was not long since I had been here taking a ferry to Methana.

Υπήρχαν πολλοί τουρίστες που περπατούσαν μεταξύ των καραβιών και του σταθμού του τραίνου, περνώντας έναν πολυσύχναστο δρόμο.

There were lots of tourists walking between the ships and the train station, crossing a busy road.

Υπήρχαν πολλά μαγαζιά και ήταν πολυσύχναστο με αυτοκίνητα και ανθρώπους.

There were lots of shops and it was very busy with cars and people.

Περπατήσαμε μέσα στο λιμάνι και βρήκαμε την αποβάθρα από όπου το καράβι μας θα έφευγε για την Ύδρα.

We walked into the port, and found the dock where our boat would leave for Hydra.

Περιμέναμε με τους άλλους τουρίστες στην σκιά.

We waited with the other tourists in the shade.

Μπορούσα να ακούσω αγγλικά να μιλιούνται, και σε βρετανικές και σε αμερικάνικες προφορές. Επίσης άκουσα μερικά γαλλικά, γερμανικά και ολλανδικά.

I could hear English being spoken, in both British and American accents. I also heard some French, German and Dutch.

«Από που πήρε η Ύδρα το όνομα της;» ρώτησα την θεία μου, καθώς συνήθως ξέρει για αυτά τα πράγματα. «Παρατηρώ πως στα αγγλικά ακούγεται σαν «ενυδατώνω».»

"How did Hydra get its name?" I asked my aunt, as she normally knows about these things. "I notice that in English it sounds like "hydrate"."

«Καλή παρατήρηση Χρήστο», απάντησε. «Το όνομα Ύδρα προέρχεται από την αρχαία ελληνική λέξη για το νερό.»

"Well observed, Christos," she answered. "The name Hydra is derived from the ancient Greek word for water."

«Πήρε το όνομα του από τις φυσικές πηγές που υπήρχαν εκεί», εξήγησε, «αλλά στερέψανε εδώ και καιρό, και τώρα το νερό πρέπει να μεταφέρετε με το καράβι συχνά.»

"It got its name due to natural springs which used to exist there," she explained, "but they dried up long ago, and now water has to be shipped in regularly."

«Το νησί επίσης έπαιξε σημαντικό ρόλο στην ελληνική επανάσταση ενάντια στους κυβερνώντες Οθωμανούς», εξήγησε.

"The island also played a major role in the Greek Revolution against the ruling Ottomans," she explained.

«Έχει μεγάλη ναυτιλιακή ιστορία και είχε μεγάλο στόλο καραβιών, για αυτό ήταν τόσο σημαντικό κατα την διάρκεια του πολέμου της ανεξαρτησίας», συνέχισε.

"It has a long maritime history, and it had a large fleet of ships, which is why it was so important during the war of independence," she continued.

Ξαφνικά, μερικά μέλη του πληρώματος με στολή κατέβηκαν από το καράβι και φώναξαν: «Εισιτήρια για Πόρο, Ύδρα και Σπέτσες!»

Suddenly, some crew members in uniform stepped off of the boat and shouted: "Tickets for Poros, Hydra and Spetses!"

Περπατήσαμε προς το καράβι, ο καθένας μας δείχνοντας τα εισιτήρια μας στους υπεύθυνους και μετά πήγαμε μέσα.

We walked towards the boat, each showing our ticket to the officers, and then went inside.

Μέσα έμοιαζε λίγο σαν ένα παλιό αεροπλάνο. Όλες οι θέσεις κοιτούσαν μπροστά σε σειρές.

Inside, it felt a bit like an old aeroplane. All the seats were facing forward in rows.

Βάλαμε τις βαλίτσες μας πάνω στις μπάρες αποσκευών.

We put our bags onto the baggage racks.

«Θέλω να καθίσω δίπλα στο παράθυρο!» φώναξε ο Κωνσταντίνος.

"I want to sit by the window!" shouted Constantinos.

«Εντάξει, Κωνσταντίνε», είπα. «Εσύ κάτσε εκεί και πες μου τι βλέπεις».

"OK, Constantinos," I said. "You sit there and tell me what you see."

Έκατσα δίπλα στον Κωνσταντίνο και ο Νίκος δίπλα σε εμένα.

I sat by Constantinos and Nikos sat next to me.

Η θεία μου, ο θείος μου και η Μαρία καθίσαν στην σειρά πίσω μας.

My aunt, uncle and Maria sat in the row behind us.

Ένα χέρι που κρατούσε μια πλαστική σακούλα απλώθηκε μπροστά, ανάμεσα στις θέσεις.

A hand, holding a plastic bag, reached forward between the seats.

Ήταν το χέρι της θείας μου. Πήρα την σακούλα και κοίταξα μέσα. Είχε μέσα της σπανακόπιτα.

It was my aunt's hand. I took the bag, and looked inside. It had spinach pie in it.

Έδωσα ένα κομμάτι στον Κωνσταντίνο και ένα κομμάτι στον Νίκο.

I gave a piece to Constantinos and a piece to Nikos.

«Να προσέχεις την πίτα», είπε η θεία μου, «αλλιώς αυτοί οι δύο θα την τελειώσουν. Πίστεψε με!»

"You look after that pie," said my aunt, "or those two will finish it. Believe me!"

Ο Νίκος στραβοκοίταξε.

Nikos rolled his eyes.

Ξαφνικά νιώσαμε κινητικότητα, και μπορούσαμε να δούμε το λιμάνι σιγά σιγά να προσπερνάει.

Suddenly we felt movement, and we could see the port slowly passing by.

Τα παράθυρα ήταν πολύ αλμυρά από την θάλασσα, έτσι δεν μπορούσα να δω έξω τόσο καλά όσο ήλπιζα.

The windows were very salty from the sea, so I couldn't see out as well as I'd hoped.

Αλλά δεν μπορούσαν να μπερδέψω το βαθύ μπλε χρώμα του Αιγαίου πελάγους.

But I could not mistake that deep blue colour of the Aegean Sea.

Ξαφνικά, όπως είχαμε βγει εντελώς έξω από το λιμάνι, οι μηχανές ξεκίνησαν να πηγαίνουν πιο δυνατά και πιο γρήγορα.

Suddenly, as we'd come right out of the harbour, the engines started going louder and faster.

Κοίταξα έξω από το παράθυρο και είδα πως το καράβι επιτάχυνε.

I looked out the window, and saw that the boat was accelerating.

Επίσης έμοιαζε σαν να σηκωνόμασταν πάνω από την θάλασσα, σαν να ήμασταν σε ένα αεροπλάνο.

Also, it seemed that we were lifting out of the sea, like we were on an aeroplane.

Ο Κωνσταντίνος ξεκίνησε να χειροκροτάει με τα χέρια του και να γελάει.

Constantinos started clapping his hands and laughing.

Ήμασταν σίγουρα πιο ψηλά από το νερό από ότι ήμασταν πριν και πηγαίναμε πάρα πολύ γρήγορα.

We were definitely higher off the water than we had been, and we were going really fast.

Γύρισα στον Νίκο. «Πώς πηγαίνουμε τόσο γρήγορα; Και γιατί μοιάζει σαν να έχουμε σηκωθεί πάνω από το νερό;» ρώτησα.

I turned to Nikos. "How are we going so fast? And why does it look like we've lifted out of the water?" I asked.

«Αυτό το είδος καραβιού λέγεται *Υδροπτέρυγο*», εξήγησε.

"This type of boat is called a *Hydrofoil,*" he explained.

«Όπως ένα αεροπλάνο χρειάζεται μεγάλα φτερά για να το σηκώσουν πάνω στον αέρα, αυτό το καράβι έχει πολύ μικρότερα φτερά κάτω από το νερό που το κάνουν να σηκώνεται από το νερό όταν πηγαίνει αρκετά γρήγορα.»

"Like an aeroplane needs large wings to lift it up through the air, this boat has much smaller wings underwater, which lift it up in the water when it goes fast enough."

«Αλήθεια;» είπα, «Ποιο είναι το νόημα σε αυτό; Να βλέπεις πιο μακριά;»

"Oh really?" I said, "What's the point in that? To see further?"

«Ανεβάζοντας ολόκληρο το καράβι έξω από το νερό σημαίνει πως το καράβι μπορεί να πάει πιο γρήγορα», εξήγησε.

"Lifting the whole boat out of the water means the boat can go a lot faster," he explained.

Συνέχισε: «Επειδή η μόνη αντίσταση του νερού που περνάει είναι πάνω σε αυτά τα μικροσκοπικά φτερά, όχι στο μεγάλο κύτος που συνήθως κάθεται στο νερό.

He continued: "Because the only resistance of the passing water is on those tiny wings, not on the large hull which normally sits in the water.

Είναι πολύ γρήγορο αλλά όπως μπορείς να φανταστείς καίει πολύ ντίζελ!»

It's very fast, but as you can imagine, it uses a lot of diesel!"

Μπορούσα να δω την επιφάνεια της θάλασσας πως περνούσε τόσο γρήγορα. Έμοιαζε λες και το καράβι δεν είχε επηρεαστεί από τα κύματα.

I could see the surface of the sea was flying by so quickly. It felt as if the boat was not affected by the waves.

Τα κύματα απλώς περνούσαν από κάτω μας όσο φαινόταν να πετάμε από πάνω τους.

The waves were simply passing underneath us as we seemed to be flying over them.

Ύστερα από είκοσι λεπτά, σηκώθηκα για να πάω στην τουαλέτα. Μία πινακίδα έλεγε πως ήταν προς το πίσω μέρος. Πήγα πίσω, ανέβηκα μερικά σκαλιά και πέρασα μια πόρτα.

After twenty minutes, I got up to go to the toilet. A sign said that it was towards the back. I went to the back, climbed some steps and went through a door.

Μόλις άνοιξα την πόρτα ο ήχος από τις μηχανές έγινε πολύ δυνατός και ο αέρας πολύ καυτός. Ήμουν σε έναν εξωτερικό πέρασμα και μπορούσα να δω τον ουρανό.

As soon as I opened the door the noise of the engines became very loud and the air very hot. I was in an outside walkway and I could see the sky.

Μπορούσα επίσης να μυρίσω τα καυσαέρια.

I could also smell the exhaust fumes.

Κοίταξα μέσα από μια ανοιχτή πόρτα και είδα τα μέλη του πληρώματος να κάθονται σε ένα τραπέζι καπνίζοντας και παίζοντας χαρτιά.

I looked into an open door and saw the crewmembers all sitting at a table smoking and playing cards.

Αφού πήγα στην τουαλέτα, ήταν μια ανακούφιση να επιστρέψω πίσω στην καμπίνα των επιβατών, που ήταν πιο ήσυχη.

After going to the toilet, it was a relief to come back into the passenger cabin, which was much quieter.

Το καράβι πήγε στα νησιά Αίγινα και Πόρος. Μου άρεσε να βλέπω τις πόλεις από το παράθυρο, σκέφτοντας πόσο θα χαιρόμουν τις διακοπές μου.

The boat went into the islands of Aegina and Poros. I enjoyed seeing the towns from the window, thinking about how much I was going to enjoy my holiday.

Ο Κωνσταντίνος έδειχνε αντικείμενα και με ρωτούσε πως λέγονταν στα Αγγλικά.

Constantinos was pointing at things and asking me how they were called in English.

«Δέντρο…Ανεμογεννήτρια…Ιστιοπλοϊκό…Χωριό…»

"Tree… Wind turbine… Sailing yacht… Village…"

Τελικά, ένα ξηρό, ηλιόλουστο, λοφώδες τοπίο ήρθε σταδιακά σε πλήρη θέα, και το καράβι σταμάτησε εντελώς, βυθίζοντας πάλι κάτω στο νερό.

Eventually, an arid, sundrenched, hilly landscape came gradually into full view, and the boat stopped, sinking down once again into the water.

«Όλοι οι επιβάτες για Ύδρα παρακαλώ ετοιμαστείτε για αποβίβαση!» είπε μια φωνή από πάνω στα μεγάφωνα.

"All passengers for Hydra, please prepare to disembark!" said a voice on the overhead speaker.

Σηκωθήκαμε και σιγά σιγά βγήκαμε από το καράβι μαζί με τους άλλους τουρίστες.

We got up, and slowly made our way off the boat with the other tourists.

Βγήκαμε έξω στην ζέστη του μεσημεριού. Μπορούσα να δω ένα μεγάλο, πολυσύχναστο λιμάνι γεμάτο με βάρκες.

We stepped out into the midday heat. I could see a large, busy harbour full of boats.

Γύρω από το λιμάνι η όμορφη πόλη απλωνόταν μακριά και ψηλά πάνω από τους λόφους.

Around the harbour, the beautiful town stretched far and high above it on the hills.

Υπήρχαν πολλοί άνθρωποι, καφετέριες, γαϊδούρια, σοκάκια - αλλά όχι δρόμοι!

There were lots of people, cafes, donkeys, passageways - but no roads!

Βρισκόμενος σε μία πολυσύχναστη πόλη χωρίς τον ήχο ή την εικόνα από αυτοκίνητα (ή μοτοσικλέτες, που είναι πολύ συνηθισμένες στην Ελλάδα) με έκανε να αισθανθώ σαν να έχω γυρίσει πίσω στο χρόνο.

Being in a busy town without the sound or sight of cars (or motorbikes, which are very common in Greece) made me feel like I'd gone back in time.

Περπατήσαμε κατα μήκος του λιμανιού, κοιτάζοντας τα όμορφα κτίρια και βάρκες.

We walked along the harbour, looking at the beautiful buildings and boats.

Ύστερα στρίψαμε σε ένα φαρδύ πέρασμα και αρχίσαμε να ανηφορίζουμε μέσα στην πόλη.

Then we turned up a wide passage and began walking up into the town.

Στρίψαμε σε ένα στενότερο δρομάκι, και μετά σε ένα πιο στενό.

We turned off into a narrower alley, and then a narrower one.

Υπήρχαν πολλές γάτες. Όλα τα κτίρια ήταν ψηλά και στενά, με διαφορετικά ύψη. Φαίνονταν να είναι χτισμένα το ένα πάνω στο άλλο.

There were lots of cats. All of the buildings were tall and narrow, of different heights. They seemed to be built on top of one another.

Τελικά φτάσαμε στην πόρτα του ξενοδοχείου μας.

Eventually we arrived at the door of our hotel.

Το ξενοδοχείο ήταν χαριτωμένο. Ήταν μικρό αλλά πολύ όμορφο. Μοιραζόμουν ένα δωμάτιο με τον Νίκο.

The hotel was charming. It was small but very nice. I was sharing a room with Nikos.

Υπήρχε μια ταράτσα με θέα πάνω από το λιμάνι, και πίσω είχε θέα πάνω από την πόλη και πάνω από τους λόφους.

There was a roof terrace with views across the harbour, and behind were views up across the town and up to the hills.

Τι μαγευτικό, ειρηνικό μέρος, σκέφτηκα.

What a magical, peaceful place, I thought to myself.

Κεφάλαιο τέσσερα: Ύδρα

Chapter Four: Hydra

Ο ρυθμός της ζωής στην Ύδρα ήταν αργός και χαλαρός. Το καθημερινό μας πρόγραμμα ξεκινούσε με καφέ και πρωινό στην ταράτσα, σερβιριζόμενο από τους οικοδεσπότες μας, που ήταν πολύ εξυπηρετικοί.

The pace of life on Hydra was slow and relaxed. Our routine began with coffee and breakfast on the roof terrace, served by our hosts, who were very helpful.

Ύστερα θα περπατούσαμε κάτω στο λιμάνι για να εξερευνήσουμε. Υπήρχαν ενδιαφέροντα καταστήματα, μουσεία, γκαλερί και βάρκες για να δούμε.

We would then walk down to the harbour to explore. There were interesting shops, museums, galleries and boats to see.

Από εκεί θα περπατούσαμε σε μια περιοχή για κολύμπι έξω από την πόλη.

From there, we would walk to a swimming area outside the town.

Δεν υπήρχαν παραλίες στην Ύδρα. Αντ' αυτού, υπήρχαν βραχώδεις περιοχές που προσέφεραν εύκολη πρόσβαση στην θάλασσα.

There were no beaches on Hydra. Instead, there were rocky areas which offered easy access to the sea.

Θα κολυμπούσαμε και θα κάναμε ηλιοθεραπεία εκεί για λίγο, και μετά θα πηγαίναμε πίσω στην πόλη για μεσημεριανό σε ένα από τα εστιατόρια.

We would swim and sunbathe there for a while, and then we'd head back into town for lunch at one of the restaurants.

Του θείου μου το άρεσε να παρατηρεί πως μπορούσες πάντα να διακρίνεις τους Έλληνες από τους μη-Έλληνες από αυτά που παρήγγειλαν στα εστιατόρια.

My uncle liked to observe how you could always tell the Greeks from the non-Greeks by what they ordered at the restaurants.

Να πω την αλήθεια, κάποιες από τις αγγλικές μεταφράσεις του φαγητού δεν ακούγονταν δελεαστικές, όπως «μαριναρισμένες αντζούγιες», όμως αυτό ήταν ένα εξαιρετικό πιάτο.

I must admit, some of the english translations of the food did not sound appealing, such as "marinated anchovies", yet that was an excellent dish.

Μετά το μεσημεριανό, θα πηγαίναμε ξανά για κολύμπι και ηλιοθεραπεία, καθώς περνούσαν τα μεγάλα, καυτά απογεύματα.

After lunch, we would go swimming and sunbathing again, as the long, hot afternoons passed by.

Ο ήλιος έπεσε πιο χαμηλά στον ουρανό μέχρι που τελικά το απόγευμα έγινε βράδυ.

The sun fell lower in the sky until finally, afternoon became evening.

Μετά θα πηγαίναμε πίσω στο ξενοδοχείο να πιούμε μερικά ποτά και να παρακολουθήσουμε την κίνηση στο λιμάνι.

We would then head back to our hotel to have some drinks and watch the activity in the harbour.

Υπήρχαν τόσα να δούμε, και ήταν τόσο ειρηνικά που ήταν δυνατόν να καθίσουμε εκεί για ώρες.

There was so much to see, and it was so peaceful, that it was possible to sit there for hours.

Ψαρόβαρκες και θαλάσσια ταξί πηγαινοέρχονταν συνεχώς. Μερικοί ψαράδες έφτιαχναν τα δίχτυα τους στην προβλήτα ενώ γάτες κοιτούσαν ανάμεσα τους για μερικά ψάρια.

Fishing boats and water taxis were coming in and out constantly. Some fishermen were mending their nets on the pier while cats looked among them for any fish.

Άνθρωποι περπατούσαν πάνω κάτω.

People were walking up and down.

Τα μικρά ή τα μεγάλα φέρρυ θα έρχονταν, οι άνθρωποι θα πηγαίναν μέσα και έξω, και μετά θα έφευγαν.

The small or large ferries would come in, people would get on and off, and then they'd leave.

Ιστιοπλοϊκά θα έρχονταν μέσα και έξω, κάνοντας γύρους με τους ανθρώπους πάνω τους, μοιάζοντας μπερδεμένοι για το πού θα έπρεπε να αγκυροβολήσουν.

Yachts would come in and out, circling around with the people on them, looking confused as to where they should anchor.

Υπήρχαν επίσης μερικοί θαλαμηγοί, που ήταν πολύ μεγάλοι και πολυτελείς. Είχε ενδιαφέρον να τους κοιτάμε.

There were also some superyachts, which were very large and luxurious. They were interesting to look at.

Ο λιμενάρχης ήταν πάντα τριγύρω. Ήταν ένας ενδιαφέρον χαρακτήρας.

The harbourmaster was always about. He was an interesting character.

Είχε μια πελώρια, λευκή γενειάδα ναύτη και μακριά λευκά μαλλιά που κυμάτιζαν κάτω από ένα καπέλο του μπέιζμπολ.

He had a huge, white sailor's beard and long white hair flowing from underneath a baseball cap.

Ήταν κοντός και στρουμπουλός με μία μεγάλη κοιλιά, και φορούσε παλιά ρούχα.

He was short and stout with a very large belly, and wore old clothes.

Πάντα μπορούσες να τον δεις να βαδίζει γύρω στο λιμάνι, φωνάζοντας στους ανθρώπους στα επισκεπτόμενα ιστιοπλοϊκά.

He could always be seen marching around the harbour, shouting at people on the visiting yachts.

Αργότερα το βράδυ θα φεύγαμε από το ξενοδοχείο για να βρούμε ένα εστιατόριο.

Later in the evening, we would leave the hotel to find a restaurant.

Ύστερα από ένα μεγάλο, χαλαρό δείπνο, θα περπατούσαμε γύρω από την πόλη αργά το βράδυ και θα τρώγαμε παγωτό. Μέναν όλα ανοιχτά μέχρι τουλάχιστον τα μεσάνυχτα.

After a long, relaxed dinner, we would walk around the town late at night and eat ice cream. Everything stayed open until at least midnight.

Ένα απόγευμα, ενώ ήμασταν όλοι μέσα στο νερό, κοιτάζοντας ψηλά και περιμένοντας τον Νίκο να πηδήξει από ένα ψηλό βράχο που μόλις είχε σκαρφαλώσει, παρατήρησα την κορυφή του λόφου πάνω από την πόλη.

One afternoon, while we were all in the water, looking up and waiting for Nikos to jump from a tall rock he had just climbed, I noticed the hilltop above the town.

«Δεν είπες πως υπάρχει ένα μοναστήρι εκεί πάνω;» ρώτησα την θεία μου.

“Didn’t you say there is a monastery up there?” I asked my aunt.

«Ναι, και όπως φαίνεται μπορείς να περπατήσεις εκεί πάνω», απάντησε. «Δεν θα ήθελα να περπατήσω μέχρι εκεί πάνω όμως, ειδικά το καλοκαίρι!»

“Yes, and apparently you can walk up there,” she replied. “I wouldn't want to walk all the way up there though, especially in summer!”

«Νομίζω εγώ θα ήθελα!» είπα. «Θα κοιτάξω στο ίντερνετ όταν γυρίσουμε πίσω να δω εάν υπάρχουν οδηγίες στο πώς να φτάσω εκεί.»

"I think I would!" I said. "I'm going to look on the internet when we get back to see if there are directions on how to get there."

«Εάν είσαι σίγουρος πως αυτό θες να κάνεις στις διακοπές...» είπε η θεία μου, σηκώνοντας τα φρύδια της.

"If you're sure that's what you want to do on holiday..." said my aunt, raising her eyebrows.

«Μπορώ να πάω αύριο το πρωί πρίν πιάσει πολύ ζέστη», είπα. «Κάνω συχνά πεζοπορίες στην Σκωτία, αν και νομίζω πως αυτή θα είναι διαφορετική!»

"I can go tomorrow morning before it gets too hot," I said. "I often go hillwalking in Scotland, though I think this will be different!"

«Μόνο σιγουρέψου να πάρεις μαζί σου αρκετό νερό», είπε η θεία μου.

"Just make sure you pack plenty of water," said my aunt.

Ξαφνικά, ακούσαμε μία μεγάλη βουτιά. Ο Νίκος είχε βρεί επιτέλους το κουράγιο να πηδήξει.

Suddenly, we heard a big splash. Nikos had finally found the courage to jump.

Ήρθε πάνω στην επιφάνεια. «Το είδατε αυτό;» μας ρώτησε.

He came up to the surface. "Did you see that?" he asked us.

«Ήσουν φοβισμένος!» φώναξε η Μαρία, καθώς κολύμπησε προς το μέρος του. Πήδηξε στο κεφάλι του και μπήκε μέσα στο νερό ξανά.

"You were scared!" shouted Maria, as she swam up to him. She jumped on his head and he went under again.

Εκείνο το βράδυ, χρησιμοποίησα το ασύρματο δίκτυο του ξενοδοχείου στο κινητό μου και βρήκα οδηγίες για το μοναστήρι που κάποιος είχε γράψει ον-λάιν.

That evening, I used the hotel's wifi on my phone and found directions up to the monastery someone had written online.

Ήταν αρκετά απλές και τις αντέγραφα σε ένα κομμάτι χαρτί με ένα στυλό.

They were quite simple, and I copied them onto a piece of paper with a pen.

Ανέβηκα πάνω στην ταράτσα όπου η οικογένεια μου καθόταν με λίγο κρασί, μιλούσαν και τα παιδιά έπαιζαν ένα επιτραπέζιο παιχνίδι.

I went back up to the roof terrace, where my family were sitting with some wine, talking, and the children were playing a board game.

Μιλήσαμε μέσα στο ζεστό θαλασσινό αεράκι, κοιτάζοντας τα γεγονότα της πόλης και ακούγοντας τους ήχους του λιμανιού την νύχτα.

We talked in the warm sea breeze, watching the happenings of the town and listening to the sounds of the harbour at night.

Κεφάλαιο πέντε: Το μοναστήρι

Chapter Five: The Monastery

Το ξυπνητήρι μου χτύπησε στις επτά η ώρα. Έφτιαξα ένα καφέ και τον ήπια κοιτώντας πάνω από το λιμάνι.

My alarm rang at seven o'clock. I made a coffee, and drank it while watching over the harbour.

Μπορούσα να δώ μικρές ψαρόβαρκες να βγαίνουν στην θάλασσα, και μερικούς ανθρώπους να ανοίγουν τις παραθαλάσσιες καφετέριες.

I could see small fishing boats going out to sea, and some people opening up the waterfront cafes.

Υπήρχαν επίσης μερικοί πρωινοί περιπατητές και άνθρωποι που έτρεχαν κατα μήκος του λιμανιού.

There were also some early morning walkers and joggers along the harbour.

Υπήρχε ένα δυνατό, ζεστό αεράκι ερχόμενο από την θάλασσα.

There was a strong, warm breeze coming in from the sea.

Μερικοί άνθρωποι στα ιστιοπλοϊκά κοιμόντουσαν έξω στα καταστρώματα.

Some people on the yachts were sleeping outside on the decks.

Ετοίμασα το μικρό μου σακίδιο με ένα δίλιτρο μπουκάλι με νερό, αντιηλιακό, γυαλιά ηλίου και ένα καπέλο.

I packed my small rucksack with a two-litre bottle of water, sun cream, sunglasses and a hat.

Έριξα μια γρήγορη ματιά στις οδηγίες και έφυγα από το ξενοδοχείο.

I had another quick look at the directions, and left the hotel.

Τα στενά, ασπροβαμμένα πέτρινα σοκάκια ήταν ήσυχα. Οι κορυφές των κτιρίων που τα περιτριγύριζαν ήταν φωτισμένα από τον πρωινό ήλιο.

The narrow, whitewashed, stone alleys were quiet. The tops of the buildings which enclosed them were lit by the early sun.

Μερικά από τα πέτρινα σκαλοπάτια ήταν τόσο παλιά, που είχαν γίνει εντελώς λεία, και στην πραγματικότητα ήταν πολύ ολισθηρά.

Some of the stone steps were so old, they had become completely smooth, and were actually quite slippery.

Οι γάτες φαίνονταν να είναι ξύπνιες εκείνη την ώρα, ενώ ήταν ακόμα δροσερά. Είχα παρατηρήσει πως ήταν συνηθισμένο να ακούς τον ξαφνικό ήχο από γάτες να καβγαδίζουν κάπου μακριά.

The cats seemed to be awake at this time, while it was still cool. I had noticed it was common to hear the sudden noise of cats fighting somewhere in the distance.

Το μονοπάτι μου έστριψε αριστερά και δεξιά, πάνω και κάτω, μέσα από στενά περάσματα.

My path twisted left and right, and up and down, through the narrow passes.

Τελικά, βρέθηκα στην περιφέρεια της πόλης, αρκετά ψηλά από πάνω της.

Eventually, I found myself on the periphery of the town, high up above it.

Περιστασιακά, θα έβλεπα το λιμάνι μακριά κάτω, και την μπλε, γυαλιστερή θάλασσα.

Occasionally, I would see the harbour far below, and the blue, glistening sea.

Συνέχισα μέχρι που βρήκα τα ίχνη της φάρμας που οδηγούσαν πάνω στην κοιλάδα.

I continued until I found the farm track which led up the valley.

Τα ίχνη έστριψαν και γύρισαν όπως ανέβηκα ψηλότερα.

The track twisted and turned as I ascended higher.

Ήταν δύσκολος πηγαιμός, και σύντομα ήμουν χωρίς ανάσα. Σταμάτησα να καθίσω κάτω και ήπια λίγο νερό από το μπουκάλι μου.

It was hard going, and I was soon out of breath. I stopped to sit down and drank some water from my bottle.

Τελικά, βρέθηκα στην άκρη ενός πευκοδάσους. Τα πευκόδεντρα μύριζαν πολύ ωραία.

Eventually, I found myself at the edge of a pine forest. The pine trees smelled very nice.

Υπήρχε μια ξύλινη πινακίδα μπροστά· περπάτησα πιο κοντά να δω τι έλεγε.

There was a wooden sign ahead; I walked closer to see what it said.

ΚΙΝΔΥΝΟΣ ΠΥΡΚΑΓΙΑΣ, έλεγε και στα ελληνικά και στα αγγλικά.

DANGER OF FOREST FIRE, it said in both Greek and English.

Το κινητό μου έλεγε πως ήταν εννέα η ώρα. Ο ήλιος ήταν πιο ψηλά, και ήταν πιο ζεστά.

My phone said it was now nine o'clock. The sun was higher, and it was warmer.

Το μονοπάτι έκανε ζιγκ-ζαγκ πάνω πλαγιά μέσα από το δάσος.

The track zigzagged up the hillside through the forest.

Ύστερα από μισή ώρα ανηφόρας, έφτασα στο τέλος του δάσους.

After about half an hour of ascending, I reached the edge of the forest.

Το τοπίο ήταν τώρα οι χαμηλοί θάμνοι και βοσκοτόπια που συνήθως βρίσκονταν παντού στην Ελλάδα.

The landscape was now the low bushes and grassland commonly found throughout Greece.

Μία μακριά, απότομη σειρά από τεράστια σκαλοπάτια οδηγούσε πάνω στο λόφο. Κυπαρίσσια ήταν διάσπαρτα τριγύρω.

A long, steep set of huge stone steps led straight up the hill. Cypress trees were scattered around.

Ανέβηκα τα σκαλοπάτια, πηδώντας από την μία πέτρα στην άλλη, λες και ήταν χτισμένα για γίγαντες.

I ascended the steps, jumping from one stone to the next, as if they were built for giants.

Στην κορυφή των σκαλοπατιών, μπορούσαν να δω τους λευκούς τοίχους και το καμπαναριό του μοναστηριού, τοποθετημένο πάνω ακριβώς από τον λόφο.

At the top of the steps, I could see the white walls and bell tower of the monastery, situated right on the top of the hill.

Τελικά έφτασα την κορυφή και στάθηκα έξω από την ανοιχτή πόρτα του εξωτερικού τοίχου του μοναστηριού.

I finally reached the top, and stood outside the open door of the monastery's outer wall.

Η διαδρομή πάνω μου είχε πάρει περίπου μιάμιση ώρα.

The walk up had taken me about an hour and a half.

Κοίταξα πίσω μου, και ήμουν μαγεμένος από την μακρινή θέα.

I looked behind me, and I was amazed at the distant view.

Μπορούσα να δω μίλια πάνω από την θάλασσα, προς την ενδοχώρα της Πελοποννήσου, ακόμα και το περίγραμμα της Αττικής στο βάθος.

I could see for miles across the sea, to the mainland of the Peloponnese, and even the outline of Attica in the distance.

Είχε πολύ ησυχία, εκτός από τον ήχο από το απαλό αεράκι στο γρασίδι και τα δέντρα, και τα τζιτζίκια που τραγουδούσαν.

It was very quiet, apart from the noise of the gentle breeze in the grass and trees, and the singing crickets.

Γύρισα πίσω για να παρατηρήσω το μοναστήρι. Η ψηλή ανοιχτή πόρτα οδηγούσε σε ένα μικρό κτίριο και μέσα σε αυτό μπόρεσα να δω ένα ανοιχτό προαύλιο.

I turned back to observe the monastery. The tall open door led into a small building, and through it I could see an open courtyard.

Μπήκα μέσα στο μικρό κτίριο. Υπήρχαν μερικά γλυκά για τους επισκέπτες που λεγόντουσαν *λουκούμια,* αυτά που συνήθως αποκαλούμε *Τούρκις Ντιλάιτ* στην Αγγλία.

I went into the small building. There were some sweets left out for visitors, called *loukoumi,* or what we commonly call *Turkish Delight* in England.

Δοκίμασα ένα, ήταν πολύ γλυκό.

I tried one, it was very sweet.

Πέρασα μέσα στο προαύλιο. Ήταν πολύ καθαρό και ήσυχο. Ύστερα μια πόρτα άνοιξε και ένας μοναχός βγήκε έξω, και ξεκίνησε να περπατάει προς το μέρος μου.

I stepped through into the courtyard. It was very clean and quiet. Then a door opened and a monk came out, and started walking towards me.

Φορούσε μια μακριά μαύρη του ρόμπα και είχε μια μακριά γκρίζα γενειάδα και ένα ψηλό μαύρο καπέλο.
He was wearing a long black robe, and he had a long grey beard and a tall black hat.

«Καλημέρα», είπε.
"Good morning," he said.

«Καλημέρα!» απάντησα.
"Good morning!" I replied.

«Πώς βρήκες τον περίπατο;» ρώτησε.
"How did you find the walk?" he asked.

«Πολύ ειρηνικό», απάντησα, «αλλά δεν μπορώ να το πιστέψω πως μένετε εδώ πάνω χωρίς οχήματα!»
"Very peaceful," I replied, "but I can't believe you live all the way up here, with no vehicles!"

«Έχουμε τα πιο πολλά που χρειαζόμαστε εδώ πάνω», απάντησε, «και χρησιμοποιούμε μουλάρια για να μεταφέρουν ότι άλλο χρειαζόμαστε στην ανηφόρα.»

"We have most of what we need up here," he replied, "and we use mules to carry whatever else we need up the hill."

«Από πού είσαι;» με ρώτησε, παρατηρώντας την προφορά μου.

"Where are you from?" he asked me, noticing my accent.

«Είμαι Ελληνο-Άγγλος», εξήγησα.

"I'm Greek-English," I explained.

«Κατάλαβα. Είσαι ορθόδοξος;» με ρώτησε.

"I see. Are you Orthodox?" he asked me.

«Κυριολεκτικά, ναι. Έχω βαπτιστεί σε αυτήν την πίστη, αλλά αλήθεια δεν…»

"Technically, yes. I was baptised in that faith, but I don't really…"

«Με διέκοψε πριν προλάβω να τελειώσω: «Πρέπει να έρθεις μαζί μου, θα σε ευλογήσω.»

He interrupted me before I could finish: "You must come with me, I will bless you."

Τον ακολούθησα μέσα σε μία μικρή εκκλησία. Όταν μπήκα μέσα, μαγεύτηκα από τα χρώματα, τις ζωγραφιές και τα αντικείμενα μέσα της.

I followed him into the small church. When I stepped inside, I was amazed by the colours, paintings and objects inside.

«Έχουμε πολλούς πεζοπόρους εδώ πάνω, αλλά φέρνω μέσα στην εκκλησία μόνο τους ανθρώπους της ορθόδοξης πίστης», είπε.

"We get a lot of walkers up here, but I only bring people of the Orthodox faith into the church," he said.

«Όπως έλεγα, ήταν μόνο μια βάφτιση, δεν την εξασκώ», είπα.

"Well as I was saying, it was really just a baptism, I haven't been practising it," I said.

«Ακόμα πιο σημαντικός λόγος να σε ευλογήσω», απάντησε.

"All the more reason to bless you," he replied.

Περπάτησε προς ένα γυάλινο ντουλάπι και έβγαλε έξω ένα ξύλινο κουτί.

He walked over to a glass cabinet, and took out a wooden box.

Γύρισε το κουτί από την άλλη πλευρά και το άνοιξε έτσι ώστε το περιεχόμενο του να με κοιτούσε.

He turned the box around, and opened it so that its contents were facing me.

Μέσα, είδα το χέρι από ένα σκελετό. Ήμουν πολύ ξαφνιασμένος.

Inside, I saw the hand of a skeleton. I was very surprised.

«Αυτό είναι το χέρι του Αγίου Νεκτάριου της Αίγινας», είπε ο μοναχός. «Είναι ιερό, και θα το χρησιμοποιήσω για να σε ευλογήσω.»

"This is the hand of Saint Nectarios of Aegina," said the monk. "It is sacred, and I will use it to bless you."

Αυτό δεν ήταν κάτι που περίμενα, σκέφτηκα από μέσα μου.

This is not what I was expecting, I thought to myself.

Έβγαλε το σκελετωμένο χέρι έξω από το κουτί και το κράτησε με στα δυο του χέρια.

He took the skeleton hand out of the box and held it in both hands.

«Παρακαλώ γονάτισε», είπε.

"Please kneel," he said.

Γονάτισα.

I knelt.

Ο μοναχός είπε μια ευχή, την οποία δεν μπορούσα να ακολουθήσω πολύ καλά καθώς χρησιμοποιούσε πολλές παλιές βιβλικές λέξεις.

The monk said a blessing, which I couldn't follow very well as he used a lot of old biblical words.

«Τώρα φίλησε το χέρι, για να ολοκληρωθεί η ευλογία», είπε.

"Now kiss the hand, to complete the blessing," he said.

Τον κοίταξα και είπα: «Αλήθεια;»

I looked up at him, and said: "Really?"

«Ναι, φυσικά», απάντησε. Το κράτησε προς το πρόσωπο μου.

"Yes, of course," he replied. He held it out to my face.

Φίλησα το σκελετωμένο χέρι.

I kissed the skeleton hand.

Ευχαρίστησα τον μοναχό και με ρώτησε αν θα ήθελα μια ξενάγηση του μοναστηρίου.

I thanked the monk, and he asked me if I would like a tour of the monastery.

Συμφώνησα και φύγαμε από το μικρό κτίριο της εκκλησίας.

I agreed, and we left the small church building.

Μου έδειξε μερικές κότες και ένα μέρος που καλλιεργούσαν μερικά λαχανικά.

He showed me some chickens, and a place where they grew some vegetables.

Το μοναστήρι είχε πανοραμικές θέες γύρω από το νησί.

The monastery had panoramic views around the island.

«Σε μια καθαρή μέρα», είπε «μπορείς να δεις μέρη της Αθήνας στο βάθος, απέναντι από τον Σαρωνικό κόλπο. Είναι πάνω από εξήντα χιλιόμετρα μακριά.»

"On a clear day," he said, "you can see parts of Athens in the distance, across the Saronic Gulf. It's over sixty kilometres away."

Ευχαρίστησα ξανά τον μοναχό και πήγα προς το μονοπάτι για να επιστρέψω προς τα κάτω.

I thanked the monk again, and made my way to the path to head back down the hill.

Ο ήλιος ήταν τώρα ψηλά. Σιγά σιγά επέστρεψα πίσω στο στριφογυριστό μονοπάτι, κοιτάζοντας κάτω την πόλη στο βάθος.

The sun was high now. I slowly made my way back down the winding path, looking down towards the town in the distance.

Πηγαίνοντας κάτω ήταν ευκολότερο. Μου άρεσε η ησυχία του ήχου των μεσημεριανών τζιτζικιών και της μυρωδιάς του πεύκου.

Going down was easier. I enjoyed the quiet sound of the midday crickets and the smell of pine.

Πέρα από την πόλη, το μπλε Αιγαίο πέλαγος απλωνόταν στον ορίζοντα. Ανυπομονούσα να πηδήξω μέσα του όταν θα επέστρεφα.

Beyond the town, the blue Aegean sea stretched out on the horizon. I couldn't wait to jump into it when I got back.

Συνεχίζεται…

To be continued…

Made in United States
North Haven, CT
14 March 2024

50009997R00043